AF232720

DROITS

DE DOUANE

INVERSEMENT PROPORTIONNELS

A APPLIQUER A L'ENTRÉE

DES BLÉS ÉTRANGERS

PRÉFÉRABLEMENT A UN DROIT FIXE

NANTES

IMPRIMERIE Vincent FOREST et Émile GRIMAUD

4, Place du Commerce, 4

—

Janvier 1885

DROITS DE DOUANE

INVERSEMENT PROPORTIONNELS à appliquer à l'entrée

DES BLÉS ÉTRANGERS

PRÉFÉRABLEMENT A UN DROIT FIXE

Transaction entre producteurs et consommateurs.

Dans la pensée générale du moment, l'application d'un droit fixe, à l'entrée des blés étrangers, est le moyen le plus en vue pour la défense de la culture française. La pente de l'esprit public à cet égard a évidemment pour cause les mauvais souvenirs qu'avait laissés l'application de droits variables par la législation douanière qu'on a appelée l'échelle mobile. Ce mode de perception ne fonctionnait en effet que par des soubresauts dans la fixation du chiffre des droits et avec une grande complication de classes et de zones. Il n'y a donc aucune chance, et par de très bonnes raisons, qu'on puisse se tourner vers le rétablissement de ce système ; mais cela ne doit point empêcher, dans les conjonctures présentes, de rechercher quelqu'autre moyen d'atteindre le but qu'on avait eu en vue en l'établissant. Ce but, en effet, parfaitement distinct et indépendant du moyen défectueux par lequel on avait

1

tenté d'y arriver, était en lui-même excellent, et il serait évidemment le grand *desideratum* de la situation actuelle, s'il était possible de le réaliser par un procédé exempt de toute objection

Ce *desideratum* consiste en ceci :

Étant donné le chiffre moyen du droit compensateur reconnu nécessaire pour sauvegarder la culture française (4 ou 5 francs par 100 kilos, par exemple), trouver un procédé d'application qui permette de l'augmenter dans des proportions notables, lorsque le blé tomberait à vil prix, et réciproquement de l'alléger régulièrement lorsque le prix s'élèverait ; de façon à ce qu'il vînt à s'annuler complètement lorsque le prix du blé atteindrait un chiffre qui pût donner une importance sérieuse à la dépense du pain pour les familles ouvrières. — N'est-il pas infiniment préférable, pour ces familles, de payer le pain un peu plus cher, lorsque cette dépense tombe à un chiffre relativement secondaire dans l'ensemble des dépenses du ménage, et de le payer moins cher lorsque cette dépense devient relativement sérieuse ? — D'un autre côté, n'est-il pas aussi, pour l'agriculteur, infiniment préférable d'être soutenu plus efficacement lorsque le blé tombe à vil prix, sauf à voir diminuer successivement ce secours et à y renoncer complètement lorsqu'il se vend à un prix complètement rémunérateur ? Poser ces questions, c'est les résoudre. — Mais, dira t-on, le moyen de faire mieux que l'échelle mobile et d'obtenir ces beaux résultats d'une façon pratique, courante, régulière, et sans jeter le désarroi dans le commerce ? — Ce moyen est fort simple. — En effet, parmi les divers procédés qui peuvent se présenter pour l'application de droits inversement proportionnels, il en est un d'une simplicité toute primitive qui a pour résultat de faire diminuer régulièrement le droit avec l'élévation du prix du blé, de façon à ce qu'il s'éteigne complètement et exactement au point désiré. Supposons, en effet, qu'on considère le prix de 30 fr. les 100 kilos comme assez largement rémunérateur pour qu'à ce taux la culture puisse renoncer à tout droit compensateur de ses charges ; à ce prix, et au-dessus, il n'y aurait lieu à aucun droit, en sorte que ce chiffre serait posé comme le chiffre-limite de la perception du droit ; mais dès que le prix moyen donné par les mercuriales descendrait au-dessous de 30 fr., le soutien de la culture commençant à devenir nécessaire et cette nécessité s'augmentant en proportion de l'abaissement du prix au-dessous de ce chiffre, rien de plus simple et de plus logique que de frapper alors les blés étrangers d'un droit exactement égal à la différence entre le chiffre-limite de 30 fr., et le prix moyen donné par les mercuriales de toute la France, au moment de l'introduction en douane. Ainsi, pour donner quelques exemples :

Au prix de		le droit serait de	
	28^f »		2^f »
—	27 50	—	2 50
—	27 49	—	2 51
—	27 48	—	2 52

Comme on le voit, les droits augmenteraient d'un centime à mesure que le prix du blé diminuerait d'un centime. — De là, pour rendre l'importation possible, il faudrait que le blé étranger rendu dans le port français, mais hors douane, fût à un prix aussi inférieur au prix du blé en douane, que ce dernier serait lui-même au-dessous du prix-limite, en sorte que, tant qu'il pourrait y avoir importation, le prix du blé en France se trouverait maintenu au terme moyen entre le prix-limite adopté et le prix du blé étranger rendu dans les ports français hors douane.

Un tableau portant des points de repère, franc par franc seulement, pour ne pas le développer inutilement, donne parfaitement l'intelligence de l'ensemble des résultats auxquels on arriverait :

Prix moyen du blé d'après les mercuriales.	Droits égaux à ce qui manque au prix du blé pour atteindre 30 fr.	Prix corrélatifs des blés étrangers dans les ports français, hors douane.
30	0	30
29	1	28
28	2	26
27	3	24
26	4	22
25	5	20
24	6	18
23	7	16
22	8	14

Le prix moyen des mercuriales de toute la France devrait essentiellement être pris pour base du calcul des droits et non le prix moyen du port d'importation, pour éviter toute manœuvre commerciale tendant à modifier le cours des grains, comme il s'en produisait du temps de l'échelle mobile : manœuvres faciles sur un marché déterminé, impossibles sur l'ensemble de la France. D'ailleurs, le nivellement des prix résultant de la facilité des transports rendrait cette unification sans inconvénient. Ce serait la moyenne la plus rapprochée du moment de l'introduction qui devrait être prise pour base du calcul des droits, afin de faire coïncider exactement le mouvement de ces droits avec le cours du blé au moment de l'introduction, coïncidence dont on verra plus loin l'utilité et les heureuses conséquences.

Il n'a pas été porté de prix moyen donné par les mercuriales au-dessous de 22 fr., parce qu'avec l'application des droits proposés, il audrait, pour que ce chiffre minimum fût atteint, que le blé étranger descendît au prix, encore sans précédent, de 14 fr. les 100 kilos, rendus dans nos ports, avant d'avoir acquitté le droit de douane.

Au taux actuel des cours commerciaux des blés étrangers, le prix moyen des mercuriales devrait, par l'application des droits proposés, atteindre environ 24 fr. 75, le prix des blés étrangers dans nos ports, hors douane, étant à peu près de 19 fr. 50 les 100 kilos. Mais, en fait, ce prix de 24 fr. 75 serait probablement loin d'être atteint en France, par suite de l'abondance de la dernière récolte et aussi parce que les étrangers abaisseraient leurs prix au-dessous de 19 fr. 50 le quintal, s'il le fallait, pour forcer l'entrée en douane.

Le tableau ci-dessus ne portant que des points de repère franc par franc, a quelque apparence, rappelant, à première vue, l'application de l'échelle mobile ; mais le système dont il donne un aperçu d'ensemble, en diffère néanmoins essentiellement, en ce que, faisant varier les droits centime par centime, il substitue pour le mouvement de ces droits une pente douce et régulière aux degrés et aux ressauts si inquiétants pour le commerce de l'échelle mobile. Il y a autant de différence entre ces deux modes de faire varier les droits, qu'il s'en trouve entre ces deux moyens si dissemblables de passer d'un niveau à un autre : un escalier casse-cou et une pente parfaitement régulière de route ou de chemin de fer. — Aussi le mouvement des droits, gradués comme il vient d'être dit, ne causerait au commerce ni surprise, ni embarras, parce qu'il suivrait si exactement le cours du prix du blé, le droit diminuant d'un centime par chaque centime de hausse, et augmentant d'un centime par chaque centime de baisse, qu'il se confondrait avec le cours du blé lui-même, en doublant les chances, tant de hausse que de baisse, auxquelles est soumis le commerce d'importation. Par suite, les négociants qui tiendraient à ne pas dépasser les chances de hausse et de baisse qu'ils auraient été disposés à courir sous le régime d'un droit fixe, auraient simplement à diminuer leurs opérations de moitié. — Exemple : D'une part, sous le régime d'un droit fixe, l'achat, dans un port étranger, de 2,000 quintaux de blé à livrer dans un port français, donnerait lieu à un bénéfice de 1,000 fr., si, dans le délai du transport, il s'était produit en France une hausse de 50 centimes par quintal, et à une perte égale au cas de baisse d'autant. D'autre part, sous le régime des droits inversement proportionnels proposé, un achat de 1,000 quintaux de blé, dans les mêmes conditions, donnerait également lieu, au cas de la même hausse, à un bénéfice de 1,000 fr., dont 500 fr. sur le prix du blé lui-même et 500 fr. de droits d'entrée à payer en moins, et donnerait aussi lieu, au cas de la même baisse, à une perte de 1,000 fr., dont 500 fr. sur le prix du blé et 500 fr. de droits à payer en plus. — Les droits de douane entreraient donc, pour les commerçants, dans les chances de hausse et de baisse qu'ils ont à calculer pour toutes les affaires à terme, et ils n'auraient à les subir que dans la proportion qui leur conviendrait. — Mais, dira-t-on, il y aura ainsi pour le commerce tendance à restreindre le mouvement des affaires sur les blés ? Assurément : le but poursuivi n'est-il pas de ralentir ce mouvement, quand il y a lieu, en diminuant l'importation ? Toutefois, le mouvement commercial ne serait ainsi enrayé que par un moyen parfaitement régulier, annoncé d'avance avec précision, et sur lequel chacun pourrait établir ses calculs avec tout autant de sécurité que sur toutes autres chances de hausse et de baisse ; tandis qu'avec des droits établis par saccades, franc par franc, comme autrefois, par l'échelle mobile, une différence d'un centime sur la moyenne des mercuriales pouvait transformer une bonne affaire en désastre commercial.

Il ne faut pas, du reste, dans ce choix du meilleur moyen

de défendre la culture française, se flatter de rencontrer un procédé qui soit agréé par le commerce extérieur. Ce commerce qui, par parenthèse, est en grande partie aux mains des étrangers, surtout quant aux moyens de transport, ne serait entièrement satisfait qu'autant que, la France ne produisant plus de blé, il aurait la charge et le bénéfice de l'en entretenir complètement avec les produits du monde entier. Il trouvera détestables, par conséquent, tous droits imposés aux blés étrangers, quels qu'ils soient et quels qu'en soient la forme et le taux. On ne peut donc songer à le satisfaire pleinement ; mais ce qu'on doit éviter, c'est de jeter le désarroi dans ses opérations par le retour à l'échelle mobile ou l'application de droits quelconques, combinés de façon à fonctionner parfois à son égard comme un véritable traquenard. Cela arriverait notamment si on essayait de fixer périodiquement à l'avance le montant des droits pour des délais plus ou moins longs, car alors, le retard d'un jour sur l'arrivée au port pourrait faire tomber le blé importé sous l'application d'un droit beaucoup plus élevé et ruineux pour l'opération.

Outre les avantages déjà exposés du système de droits inversement proportionnels proposé, il en est un, particulièrement important, sur lequel il y a lieu d'insister, c'est que, loin d'entraver en quoi que ce soit l'approvisionnement du pays, au cas où sa récolte pourrait être insuffisante, elle y convierait au contraire le commerce par un puissant appel, puisque la perspective de la hausse lui offrirait un bénéfice exactement doublé par la diminution du droit. — De là aussi une grande tendance à la régularisation du cours des grains, puisque, d'un côté, la moindre apparence de hausse encouragerait doublement le commerce à l'importation, comme l'apparence de la baisse l'engagerait doublement à la modérer. — En regard de ces avantages, l'échelle mobile soumettait au contraire le cours des grains à de graves perturbations, puisque chaque soubresaut, dans l'application du droit, en produisait un proportionné sur le cours des grains. — Quant au droit fixe qui, par sa fixité même, ne pourrait évidemment rien, ni pour augmenter la régularité du cours, ni pour encourager l'importation, en cas d'insuffisance de récolte, il deviendrait au contraire un formidable embarras au cas de grande hausse du prix du blé, car il faudrait alors, inévitablement, soit par une disposition préexistante de la législation, soit par l'effet d'une nouvelle loi, qu'il vînt à disparaître, et alors, après avoir résisté, intact dans son immobilité, au concert montant des plaintes s'élevant de toutes parts, il disparaîtrait tout à coup, comme une digue emportée par le flot, dans un cataclysme commercial, *et après avoir suspendu tout approvisionnement du pays pendant tout le délai où on aurait prévu sa disparition ;* car qui voudrait introduire des blés, en payant plusieurs francs par quintal, lorsqu'on saurait qu'au bout d'un certain délai l'introduction serait libre ?

Le prix limite de 30 fr. proposé ci-dessus est assurément assez bas, et même très bas, car il ferait cesser toute perception d'impôt, aussitôt que le pain ordinaire atteindrait (ou devrait atteindre, si la boulangerie fonctionnait dans de bonnes conditions) le prix de 15 à 16 centimes la livre ; et certes, à ce prix, l'achat du pain n'est assurément pas une lourde charge pour une famille ouvrière, et on a souvent vu le pain à ce prix ou même à un prix plus élevé, pendant des périodes très prospères. D'un autre côté, malgré l'abandon de tout droit, lorsque le blé serait au prix de 30 fr. les 100 kilos et au-dessus, la moyenne du droit, dans les limites, où il s'appliquerait, ne diffère guère du droit fixe de 4 à 5 fr. demandé généralement. Ce taux d'impôt ne paraît donc pas mériter de sérieuses objections; mais il n'en est pas moins parfaitement modifiable, et c'est même là un des grands avantages du système proposé. C'est la parfaite élasticité avec laquelle il peut s'adapter à toutes les situations économiques. En effet, par la simple modification du chiffre-limite, soit en plus, soit en moins, le montant des droits se trouve augmenté ou diminué sur toute l'étendue de leur développement de tout autant qu'on a déplacé le chiffre-limite. Si donc on trouvait que la moyenne des droits exposés ci-dessus fût trop élevée ou trop basse de 50 c. ou d'un franc, il suffirait de porter le chiffre-limite à 50 c. ou 1 fr. au-dessous ou au-dessus de 30 fr. — Enfin, on pourrait encore élever le chiffre-limite tout en abaissant les droits, ou l'abaisser tout en élevant les droits; il suffirait pour cela d'établir les droits, non pas égaux à la différence entre le prix réel et le chiffre-limite, mais à tant pour cent au-dessus ou au-dessous de cette différence. On pourrait par exemple adopter comme chiffre-limite 36 fr. et établir les droits à 50 pour cent sur la différence entre le prix réel et 36 fr., ou l'établir à 26 fr., et fixer les droits au double de la différence entre le prix réel et 26 fr. En un mot, il n'est pas de nuance, dans la variation des droits, qu'il ne soit ainsi possible d'atteindre. Mais il semble que la gradation la plus simple de toutes, exposée ci-dessus, correspond parfaitement aux nécessités de la situation, sauf peut-être une petite modification du chiffre-limite de 30 fr., si on trouvait qu'il donnât lieu à une moyenne de droits trop faible ou trop élevée.

En résumé, la combinaison proposée est *un procédé d'application d'impôt fonctionnant avec une parfaite régularité, en proportion arithmétique exactement inverse à la valeur du blé, de façon à s'évanouir par un dernier centime, à la limite qui aura été fixée comme conciliant tous les intérêts.* Le tout AUTOMATIQUEMENT et sansqu'il soit besoin, après son établissement, d'aucune intervention du pouvoir législatif ou administratif, si ce n'est la transmission immédiate à tous les ports d'importation du prix moyen des mercuriales de France, tel qu'il est relevé régulièrement, dès maintenant, chaque semaine. Cette combinaison se recommande par les avantages suivants : 1⁰ Abaissement successif et enfin suppression complète du droit au profit du consommateur, au moment où l'élévation du prix du blé pourrait commencer à lui rendre ce droit onéreux, et augmentation du droit au profit du producteur, au moment où ce dernier a le plus besoin d'être soutenu contre la concurrence étrangère, et où le consommateur ne peut en souffrir sensiblement, le producteur et le consommateur se faisant ainsi des concessions réciproques, coûtant peu à chacun d'eux, et ayant au contraire pour l'autre une grande valeur ; 2⁰ régularité complète dans la variation des droits excluant tout mouvement brusque de nature à inquiéter les commerçants et à les déconcerter dans leurs opérations ; 3⁰ puissant encouragement au commerce d'approvisionner le pays, au cas de récolte insuffisante, par l'abaissement des droits doublant pour lui le bénéfice de la hausse, et, par suite, régularisation du cours des grains. Insistons ici sur l'importance de la suppression de l'antagonisme que le droit fixe pourrait amener entre les cultivateurs et les populations ouvrières, au cas d'élévation du prix du blé ; car, dans ce cas, les consommateurs prétendraient, au nom de la nécessité, à l'abolition de l'impôt, tandis que les producteurs y tiendraient comme à un droit acquis qu'il n'est pas permis de leur enlever. Enfin, cette combinaison devrait être accueillie favorablement par un assez grand nombre de nos législateurs qui sont assurément très désireux de favoriser l'industrie agricole, mais se résoudraient difficilement, néanmoins, à l'établissement d'un droit fixe, qui, au cas de cherté du blé, viendrait à peser plus sensiblement sur les populations ouvrières, et pourrait donner lieu à l'antagonisme dont il vient d'être question.

Arrivant à l'application de l'impôt aux substances alimentaires céréales, autres que le blé : la farine, tout d'abord, motive une observation. En effet, la farine représente, en même temps, et la valeur alimentaire d'une plus grande quantité de froment et le travail de la minoterie ; elle devrait donc être taxée, d'une part, du droit par cent kilos que paieraient les 125 kilos de froment correspondant, et, d'autre part, d'un droit fixe relatif à la mouture de 2 à 3 fr. par 100 kilos. — Il y aurait aussi à fixer les chiffres limites, relativement aux autres céréales qu'on peut considérer comme alimentaires : le seigle, par exemple. Quant à celles qui n'ont pas ce caractère, comme l'avoine, il n'y a point de motifs aussi graves d'abandonner l'application de droits fixes.

Il n'est pas inutile, en terminant, d'insister sur la nécessité de l'union de tous les agriculteurs dans le présent débat. Donc, quelque sérieux que puissent paraître les avantages de la combinaison proposée, si elle n'est point accueillie favorablement et d'une façon générale d'un côté comme de l'autre, il est clair que tous les agriculteurs devront unanimement soutenir le droit fixe et tâcher d'obtenir un chiffre qui rétablisse le plus possible une équitable balance entre leurs produits et ceux de l'étranger. On pourra attendre ainsi le moment, plus ou moins éloigné, où l'opinion publique, enfin désabusée du préjugé contre tous les droits variables que lui a laissé l'application de l'échelle mobile, en reviendra à des droits inversement proportionnels et fonctionnant avec la plus exacte régularité : seul moyen logique de concilier l'indispensable défense de la culture avec les intérêts non moins impérieux de l'alimentation publique.

Un Membre du Comice agricole de la
Loire-Inférieure.

Nantes. — Imp. Vincent Forest et Emile Grimaud, place du Commerce, 4.

www.ingramcontent.com/pod-product-compliance
Lightning Source LLC
LaVergne TN
LVHW010245030726
842520LV00007B/2767